BEI GRIN MACHT SICH IHR WISSEN BEZAHLT

- Wir veröffentlichen Ihre Hausarbeit,
  Bachelor- und Masterarbeit

- Ihr eigenes eBook und Buch -
  weltweit in allen wichtigen Shops

- Verdienen Sie an jedem Verkauf

Jetzt bei www.GRIN.com hochladen und kostenlos publizieren

Prognose und Planung eines Mesozyklus für ein Ausdauertraining

GRIN

Bibliografische Information der Deutschen Nationalbibliothek:

Die Deutsche Nationalbibliothek verzeichnet diese Publikation in der Deutschen Nationalbibliografie; detaillierte bibliografische Daten sind im Internet über http://dnb.d-nb.de abrufbar.

ISBN: 9783346695130
Dieses Buch ist auch als E-Book erhältlich.

© GRIN Publishing GmbH
Nymphenburger Straße 86
80636 München

Druck und Bindung: Books on Demand GmbH, Norderstedt Germany
Gedruckt auf säurefreiem Papier aus verantwortungsvollen Quellen

Das vorliegende Werk wurde sorgfältig erarbeitet. Dennoch übernehmen Autoren und Verlag für die Richtigkeit von Angaben, Hinweisen, Links und Ratschlägen sowie eventuelle Druckfehler keine Haftung.

Das Buch bei GRIN: https://www.grin.com/document/1255544

Deutsche Hochschule für

Prävention und Gesundheitsmanagement

Hermann Neuberger Sportschule 3

66123 Saarbrücken

Einsendeaufgabe

Fachmodul:	Trainingslehre II
Studiengang:	Gesundheitsmanagement
Datum **Präsenzphase**:	12.11.-14.11.18
Matrikelnummer:	304718
Studienort:	**Köln**
Semester:	**WS 2017**

Inhaltsverzeichnis

1 Lösung Aufgabe 1

1.1 Lösung Teilaufgabe 1.1 : Allgemeine und biometrische Daten

Tabelle 1: Allgemeine und biometrische Daten

Alter	32 Jahre
Geschlecht	Weiblich
Größe	166 cm
Gewicht	60 Kg
Trainingsmotive	Gewichtsreduktion, Senkung des Körperfettanteils, Verbesserung der Ausdauer
Berufliche Tätigkeit	Medizinische Fachangestellte
Sportliche Aktivitäten	Aktuell: Krafttraining (Fortgeschritten)/4x pro Woche. Ausdauertraining (Fortgeschritten)/ 2-3x pro Woche
Zeitlicher Verfügungsrahmen	3-4x/Woche
Blutdruck	117/79 mm HG Tabelle 2: Blutdruckklassifikation der American Heart Association (modifiziert nach Mancia et al., 2013, S. 1286) |	Systolisch (mmHG)	Diastolisch (mmHG)
---	---	---
Optimal	<120	<180
Normal	<130	<85
Hochnormal	130-139	85-89
Hypertonie I	140-159	90-99
Hypertonie II	160-179	100-109
Hypertonie III	>=180	>=110	
Ruhepuls	60 S/Min.
Körperfettanteil	23% Tabelle 3: Körperfettanteilklassifikation nach ACE | Klassifikation	Frauen	Männer
---	---	---
Lebensnotwendig	10-13%	2-5%
Athletisch	14-20%	6-13%
Fit	21-24%	14-17%
Durchschnittlich	25-31%	18-24%
Übergewichtig	32% und mehr	25% und mehr	 Quelle: American Council on Exercise (ACE), Blogartikel, What are the guidelines for percentage of body fat loss?, 2009
Gesundheitliche Einschränkungen Medikamente	Keine
Orthopädische/Internistische Einschränkungen	Keine

1.2 Lösung Teilaufgabe 1.2: Leistungsdiagnostik/Ausdauertestung

Mit der oben genannten Kundin, im Folgenden K genannt, erfolgt nun zur Überprüfung der Ausdauerfähigkeit der Hollmann-Venrath-Test. Zielgruppe dieses Tests sind durchschnittlich bis gut trainierte Personen, welchen zugetraut wird eine Leistung von 150 Watt zu erreichen. Die K führt regelmäßig 2-3x/Woche ein 20-30-minütiges Ausdauertraining durch. Somit ist die K eine durchschnittlich trainierte Person bezüglich ihrer Ausdauertrainingserfahrung und der Hollmann-Venrath-Test eine geeignete Methode, ihre Leistung zu bewerten. Nun erfolgt eine Voreinstufung der K, welche sich aus der Ruheherzfrequenz und dem Lebensalter ergibt und Aufschluss über die Belastbarkeit der K geben soll. Die Ruheherzfrequenz sollte unter Ruhebedingungen, am besten direkt morgens nach dem Aufstehen, an 3-4 aufeinanderfolgenden Tagen gemessen werden. Die K hat einen Ruhepuls von 60 Schlägen/Minute ermittelt und ist 32 Jahre alt, sodass sich hier gemäß der IPN-Tabelle (IPN, 2004, S.4) eine Zielherzfrequenz von 135 Schlägen/Minute ergibt. Unter Berücksichtigung ausdauerrelevanter Trainingsaktivitäten der K, nämlich 2-3x/Woche 20-30-minütiges Ausdauertraining, ergibt sich ein Pulsaufschlag von 5 Schlägen/Minute. Die Zielherzfrequenz liegt demnach bei 140 Schlägen/Minute.

Die Testung auf dem Fahrradergometer beginnt mit einer Belastung von 30 Watt. Die Trittfrequenz liegt bei 60-80 Umdrehungen/Minute. Alle 3 Minuten wird die Belastung um 40 Watt gesteigert, bis die vorher errechnete Pulsobergrenze nach IPN von 140 Schlägen/Minute erreicht ist. Die Herzfrequenz wird dazu minütlich gemessen. Jede Wattstufe soll drei Minuten durchfahren werden. Bei Erreichen der Zielherzfrequenz wird der Test beendet. Als Testergebnis ist die Wattleistung zu betrachten, welche bis zum Erreichen der 140 Schlägen/Minute drei Minuten lang durchfahren worden ist. Wird die Zielherzfrequenz schon vorher erreicht und eine Wattstufe nicht vollständig durchfahren, wird die Wattleistung dieser Stufe anteilig angerechnet.

Mittels der somit ermittelten Wattleistung kann man nun anhand des Geschlechts und der Altersstufe die Leistung mit den Normwerten, modifiziert nach IPN (IPN, 2004, S.8) vergleichen und die vorgegebene Intensität die bei trainiert werden soll, in der Trainingsplanung umgesetzt werden.

Die K hat nach zwölf Minuten ihre Zielherzfrequenz von 140 Schlägen/Minute erreicht und hat insgesamt vier Leistungsstufen vollständig durchfahren. Insgesamt hat sie eine Leistung von 150 Watt erreicht.

In folgender Tabelle werden die einzelnen Testparameter und die Ergebnisse der K dargestellt

Tabelle 4: Testergebnisse Hollmann-Venrath-Test

Belastungsstufe	Stufendauer	Umdrehun-gen/Minute	Herzfrequenz (Schläge/Minute)
30 Watt	3 Minuten	80 U/Min.	81 S/Min.
70 Watt	3 Minuten	80 U/Min.	97 S/Min.
110 Watt	3 Minuten	75 U/Min.	110 S/Min.
150 Watt	3 Minuten	72 U/Min.	140 S/Min.

Anhand der Normtabelle für submaximale Radergometertests nach IPN, ergibt sich hier bei einem Körpergewicht von 60 Kg und einer Leistung von 150 Watt, eine relative Wattleistung von 2,5 Watt/Kg Körpergewicht (150 Watt: 60 Kg).

Dieses Ergebnis ist, gemessen an der Normtabelle nach IPN für Frauen im gleichen Alter, eine überdurchschnittlich gute Leistung.

1.3 Lösung Teilaufgabe 1.3: Gesundheits- und Leistungsstatus der Person

Die K hat in der Ausdauertestung nach Hollmann/Venrath mit 2,5 Watt/Kg Körpergewicht eine überdurchschnittlich gute Leistung erzielt. Anhand der Normtabelle für Frauen nach IPN, wird nun ein entsprechender Belastungsfaktor abgeleitet. Mithilfe dieses Faktors kann dann die Trainingsherzfrequenz berechnet werden, mit welcher bei optimaler Intensität trainiert werden soll.

Gesundheitlich bestehen keine Einschränkungen der K, sodass das Testergebnis bei der Trainingsplanung umgesetzt werden kann.

2 Lösung Aufgabe 2: Zielsetzung/Prognose

Tabelle 5: Zielsetzung

Inhalt	Ausmaß	Zeit
1. Gewichtsabnahme	3 Kg	12 Wochen
2. Senkung des Körperfettanteils	Von 23% auf 21% Körperfettanteil	15 Wochen
Verbesserung der Ausdauer	Leistungssteigerung von 2,5 Watt/Kg Körpergewicht auf 3,04 Watt/Kg Körpergewicht	15 Wochen

Im Folgenden wird nun auf die oben genannten Ziele der K eingegangen, und eine Priorisierung im Hinblick des Makrozyklus vorgenommen.

Die K nennt als erstes Ziel eine Gewichtsreduktion von 3 Kg. Des Weiteren möchte sie ihren Körperfettanteil senken.

Die K wiegt bei einer Körpergröße von 1,66 m 60 Kg, sodass eine Gewichtsreduktion um 3 Kg in 15 Wochen realisierbar scheint.

Der Körperfettanteil liegt bei 23%, damit befindet sie sich in einem gesunden Normbereich (s. Tabelle oben). Dennoch möchte sie diesen senken und einen Körperfettanteil von 20% erreichen. Auch hier wird ein Zeitraum von 15 Wochen festgehalten, um das Ziel zu erreichen.

Der letztgenannte Wunsch, die Ausdauer zu verbessern, wird nach Rücksprache mit der K im Sinne einer Leistungssteigerung der bisher erreichten 2,5 Watt/Kg Körpergewicht auf 3,0 Watt/Kg Körpergewicht definiert. Getestet würde dies wieder auf dem Fahrradergometer mittels des Hollmann/Venrath-Tests.

Eine Verbesserung der Leistung ist nach 12 Wochen zu erwarten

Um den Makrozyklus und die einzelnen Mesozyklen planen zu können, werden die Ziele nun priorisiert, da die Trainingsziele jeweils unterschiedliche Herangehensweisen erfordern.

Die wichtigsten Ziele der K liegen zunächst in der Gewichtsreduzierung und der Senkung des Körperfettanteils, sodass die Mesozyklen dementsprechend geplant werden.

Des Weiteren wird die K darüber aufgeklärt, dass eine entsprechende Ernährungsumstellung erfolgen muss.

Lösung Aufgabe 3: Trainingsplanung Mesozyklus

3.1. Lösung Teilaufgabe 3.1.: Grobplanung Mesozyklus

Tabelle 6: Grobplanung Mesozyklus

Dauer Mesozyklus	6 Wochen
Trainingsziel	Stabilisierung der Grundlagenausdauer und Einführung in die intensive Dauermethode
Trainingsmethode	Extensive und intensive Dauermethode
Belastungsintensität (Pulsober-Untergrenze)	- 50-60% Hf-Reserve (extensiv) - 60-80% Hf –Reserve (intensiv)
Trainingshäufigkeit/Woche	4x/Woche
Trainingsdauer/Trainingseinheit	- 60-70 min (extensiv) - 45-55 min (intensiv)
Wöchentlicher Gesamttrainingsumfang	Durchschnittlich 219 Min/Woche
Ausdauergeräte	Fahrradergometer/Ellipsentrainer/Laufband

3.2. Lösung Teilaufgabe 3.2.: Detailplanung Mesozyklus

Im nachfolgend dargestellten Mesozyklus der K ist die Trainingsherzfrequenz mithilfe der Karvonenformel errechnet worden, da diese auch den Trainingsstand einer Person berücksichtigt. Es werden für verschiedene Belastungsintensitäten jeweils eine Pulsober- und- /Untergrenze ermittelt wird. Die Formel lautet:

Maximale Herzfrequenz (Hf-Max) – Ruheherzfrequenz (Hf-Ruhe) x Intensität (%) + Hf-Ruhe (ACSM, 2006a, S. 432). S 138

Für die K wird die maximale Herzfrequenz errechnet indem man 200 abzüglich des Lebensalters rechnet. Dies ergibt 168 (=Hf- Max). Die Ruheherzfrequenz liegt bei 60 Schlägen/Minute.

7

Die maximale Herzfrequenz abzüglich der Ruheherzfrequenz ergibt die Herzfrequenzreserve. Bei Fortgeschrittenen wird mit einer Belastungsintensität von 60-80% trainiert. In die Formel eingefügt ergibt dies folgendes:

1). $(168-60 \times 0,6) + 60 = 124,8$ S/Min. = Pulsuntergrenze

2). $(168-60 \times 0,8) + 60 = 146,4$ S/Min. = Pulsobergrenze

Mithilfe dieser Formel sind die Trainingsherzfrequenzen für die Intensitäten von 50-80% der Herzfrequenzreserve (Hf-Reserve) berechnet und in den Trainingsplan einbezogen worden.

Tabelle 7: 1. Woche Mesozyklus

1. Woche	Montag	Mittwoch	Freitag	Samstag
Trainingsziel	GA 1	GA 2	GA1	GA 1
Trainingsmethode	extensive DM	intensive DM	extensive DM	extensive DM
Trainingsintensität	50-55% der Hf-Reserve	60-70% der Hf-Reserve	50-55% der Hf-Reserve	50-55% der Hf-Reserve
Trainingsherzfrequenz (Pulsober-/Untergrenze)	114-119 S/min.	125-135 S/min.	114-119 S/min.	114-119 S/min.
Trainingsdauer in Minuten/TE	60 min.	45 min.	60 min.	35 min.
Ausdauertrainingsgerät	Fahrradergometer	Laufband	Ellipsentrainer/Laufband (30/30)	Laufband

Tabelle 8: 2. Woche Mesozyklus

2. Woche	Montag	Mittwoch	Freitag	Samstag
Trainingsziel	GA 1	GA 2	GA 1	GA 1
Trainingsmethode	extensive DM	intensive DM	extensive DM	extensive DM
Trainingsintensität	50-55% der Hf-Reserve	60-70% der Hf-Reserve	50-55% der Hf-Reserve	50-55%
Trainingsherzfrequenz (Puls-ober-/Unter-grenze	114-119 S/min.	125-135 S/min.	114-119 S/min.	114-119 S/min.
Trainingsdauer in Minuten/TE	65 min.	50 min.	65 min.	35 min.
Ausdauertrainingsgerät	Ellipsentrainer	Laufband	Fahrradergometer/Laufband 30/35)	Fahrradergometer

Tabelle 9: 3. Woche Mesozyklus

3. Woche	Montag	Mittwoch	Freitag	Samstag
Trainingsziel	GA 1	GA 2	GA 1	GA 1
Trainingsmethode	extensive DM	intensive DM	extensive DM	extensive DM
Trainingsintensität	50-60% der Hf-Reserve	70-80% der Hf-Reserve	50-60% der Hf-Reserve	50-55 % der Hf-Reserve
Trainingsherzfrequenz (Puls-ober-/Unter-grenze	114-125 S/min.	136-146 S/min.	114-125 S/min	114-119 S/min.
Trainingsdauer in Minuten/TE	70 min.	55 min.	70 min.	45 min.
Ausdauertrainingsgerät	Fahrradergometer/Laufband (35/35)	Laufband	Ellipsentrainer	Fahrradergometer

Tabelle 10: 4. Woche Mesozyklus

4. Woche	Montag	Mittwoch	Freitag	Samstag
Trainingsziel	GA 1	GA 2	GA 1	GA 1
Trainingsmethode	extensive DM	intensive DM	extensive DM	extensive DM
Trainingsintensität	50-55% der Hf-Reserve	60-65 % der Hf-Reserve	50-55% der Hf Reserve	50-55% der Hf-Reserve
Trainingsherzfrequenz (Puls-ober-/Untergrenze	114-119 S/min.	125-130 S/min.	114-119 S/min.	114-119 S/min
Trainingsdauer in Minuten/TE	60 min.	40 min.	60 min.	30 min.
Ausdauertrainingsgerät	Ellipsentrainer	Laufband	Fahrradergometer	Fahrradergometer

Tabelle 11: 5. Woche Mesozyklus

Woche 5	Montag	Mittwoch	Freitag	Samstag
Trainingsziel	GA 1	GA 2	GA 1	GA 1
Trainingsmethode	extensive DM	intensive DM	extensive DM	extensive DM
Trainingsintensität	50-60% der Hf-Reserve	70-80 % der Hf-Reserve	50-60% der Hf-Reserve	50-55 der Hf-Reserve
Trainingsherzfrequenz (Puls-ober-/Untergrenze)	114-125 S/min.	135-141 S/min.	114-125 S/min.	114-119 S/min.
Trainingsdauer in Minuten/TE	70 min.	55 min.	70 min.	40 min.
Ausdauertrainingsgerät	Ellipsentrainer/Laufband (35/35)	Laufband	Fahrradergometer	Ellipsentrainer

Tabelle 12: 6. Woche Mesozyklus

Woche 6	Montag	Mittwoch	Freitag	Samstag
Trainingsziel	GA 1	GA 2	GA 1	GA 1
Trainingsmethode	extensive DM	intensive DM	extensive DM	extensive DM
Trainingsintensität	50-60% der Hf-Reserve	70-80% der Hf-Reserve	50-60% der Hf-Reserve	50-55% der Hf-Reserve
Trainingsherzfrequenz (Puls-ober-/Unter-grenze)	114-125 S/min.	135-141 S/min.	114-125 S/min.	114-119 S/min.
Trainingsdauer in Minuten/TE	70 min.	55 min.	70 min.	40 min.
Ausdauertrainingsgerät	Laufband	Laufband	Fahrradergometer	Ellipsentrainer

3.3. Lösung Teilaufgabe 3.3.: Begründung zum Mesozyklus

Die K hat nun bereits die ersten drei Mesozyklen durchlaufen, wobei im ersten Mesozyklus zunächst eine Trainingsregelmäßigkeit von vier Einheiten pro Woche erzielt worden ist. Im zweiten und dritten Zyklus ist die Trainingsdauer dann erhöht worden. Dies ist die Grundlage für den oben dargestellten vierten Mesozyklus, in welchen nun eine weitere Trainingsmethode integriert wird. Trainingsschwerpunkt dieses Zyklus liegt in der Stabilisierung und Weiterentwicklung der Grundlagenausdauer 1 und 2. (GA1+GA 2), sodass die K mit optimaler Intensität trainieren und ihrem Wunsch, der Reduzierung des Körperfettanteils, nachkommen kann.

Die K hat bereits Erfahrung mit Ausdauertraining, welches sie früher zwei- bis dreimal wöchentlich absolviert hat. Um diesen Status auszubauen und zu stabilisieren, ist die Grundlagenausdauer 1 weiterhin wichtiger Bestandteil jeden Mikrozyklus (Eisenhut & Zintl, 2013, S. 119). Gemäß dem Prinzip der Dauerhaftigkeit und Kontinuität, ist die Trainingshäufigkeit auf viermal pro Woche erhöht worden; dies ist ein wichtiger Schritt bevor

11

Trainingsdauer oder gar Belastungsintensität erhöht werden können (Eisenhut & Zintl, 2013, S. 18-19).

Die extensive Dauermethode wird hier im Sinne eines Grundlagenausdauertrainings 1 mit einer Belastungsintensität von 50-60% der Hf-Reserve eingebunden und bildet die Basis des oben dargestellten Zyklus. Sie zeichnet sich durch eine geringe Belastungsintensität, dafür aber einer hohen Belastungsdauer aus.

Ziel ist die Stabilisierung einer guten Grundausdauer und Entwicklung eines optimalen Fettstoffwechsels.

Ergänzend dazu steht die intensive Dauermethode, die hier zu einer Entwicklung der Grundlagenausdauer 2 beitragen soll. Die Belastungsintensität liegt bei 60-80% der Hf-Reserve. Trainiert wird demnach bei einer hohen Belastungsintensität, aber einer reduzierten Belastungsdauer von 20 bis 60 Minuten (Hottenrott, 1997, S. 200). Ziel der Einführung dieser Methode in das Trainingsprogramm, ist die Reduzierung des Körperfettanteils der K. Auch nach einer Studie von Bryner, Toffle, Ullrish und Yeater (1997, S. 68) konnte an einer Gruppe von 15 Frauen gezeigt werden, dass ein Ausdauertraining mit höherer Intensität zu einem bedeutsamen Körperfettverlust führt; in der Trainingsgruppe mit niedrigerer Intensität gab es hingegen kaum Veränderungen. Des Weiteren soll die intensive Dauermethode die Grundlage für ein späteres Hiit-Training darstellen.

Die Belastung innerhalb des Zyklus steigt in den ersten zwei Wochen zunächst im Sinne einer erhöhten Belastungsdauer an und in der dritten Woche steigen Intensität und Belastungsdauer an. Hier findet das Prinzip der progressiven Belastungssteigerung Anwendung. Da die Belastung allmählich von Woche zu Woche steigt, gewährleistet dies weiterhin ein Training mit überschwellig wirkendem Belastungsreiz und kann zu einer Leistungssteigerung führen.

Die K trainiert nach einem Belastungs und -Entlastungsverhältnis von 3:1, sowohl auf den Mikro- als auch den Mesozyklus bezogen. Der steigenden Belastung der ersten drei Wochen folgt dann also eine Woche mit reduzierter Belastung, welche der Stabilisierung der Grundlagen und der Erholung und Regeneration dienen soll. Des Weiteren endet jede Woche mit einer weniger belastenden Trainingseinheit, sodass die K sich von den drei vorhergehenden Einheiten erholen kann.

Die letzten zwei Wochen des Mesozyklus, werden dann mit bisher maximal erreichter Trainingsintensität- und Dauer trainiert. Dies dient dem Erhalt des Leistungsniveaus.

Als Ausdauertrainingsgeräte sind zum einen der Ellipsentrainer und das Laufband gewählt worden, welche einen hohen Einsatz an Muskelmasse erfordern und infolgedessen einen hohen Gesamtenergieumsatz haben. Sie eignen sich damit besonders gut um eine Gewichtsreduktion zu erzielen. Zum anderen möchte die K zur Abwechslung am Fahrradergometer trainieren, sodass dieses beibehalten wird.

Lösung Teilaufgabe 4 - Literaturrecherche

Tabelle 13: Studie zu kardiovaskulären Effekten von Ausdauer -versus Krafttraining bei Typ-2

Wer hat die Studie durchgeführt?	Fachklinik für Kardiologie und Diabetes, Bad Driburg; Herz-und Kreislaufzentrum, Institut für klinische Forschung, Rotenburg a.d. Fulda K. Edel, A. Coerdt, D. Koliou, M. Koster, I. Auderheide, R. Degenhardt
In welchem Jahr wurde die Studie publiziert:	2006
Versuchspersonen	32 übergewichtige Typ-2-Diabetiker/ 17 weibliche, 15 männliche, Alter: 61, +-9,5 Jahre
Versuchsaufbau	Zwei gleich große Gruppen, eingeteilt in Ausdauer- oder Krafttraining, führten 6 Monate lang ein Training durch, und zwar zweimal wöchentlich für 45 Minuten. - Ausdauergruppe= 50-65% der max. Leistungsfähigkeit -Kraftgruppe: 5 Geräte mit 60-80% der Maximalkraft.
Ergebnis/Schlussfolgerung	-Senkung der Ruheherzfrequenz in beiden Gruppen -Senkung der Triglyzeride bei guter Ausgangslage -Senkung des Gewichts und BMI in beiden Gruppen -Steigerung der maximalen Leistungsfähigkeit Schlussfolgerung: Positive Effekte auf das Herz-.Kreislauf-System beider Trainingsarten, jedoch keine signifikanten Unterschiede zwischen den Gruppen.

Tabelle 14: Auswirkungen eines zwölfmonatigen Ausdauer- und Kraftprogramms auf Diabetes

Wer hat die Studie durchgeführt?	Wiebke Schaarschmidt (Dissertationsarbeit) an der Universität Leipzig, Medizinische Fakultät, Department für Medizin, Klinik für Endokrinologie und Nephrologie
In welchem Jahr wurde die Studie publiziert?	2010
Versuchspersonen	-120 Patienten mit Diabetes (77 Frauen, 43 Männer) -mit behandeltem oder neuentdeckten Diabetes Typ II -im Alter zwischen 18 und 80 Jahren (S. 23)
Versuchsaufbau	2x/Woche für jeweils 60 +- 15 Minuten bei 50-70% der individuellen Leistungsfähigkeit über einen Zeitraum von 12 Monaten. Training= 20 Min. Aufwärm/Abkühlphase, 20 Minuten Fahrradergometertraining, 20 Minuten am Rudergerät und 20 Minuten Krafttraining (S. 22)
Ergebnis/Schlussfolgerung	-Reduktion des BMI -Verbesserung der Leistungsfähigkeit -Reduktion des Gesamtcholesterins -Erhöhung der Adiponectin-Serumkonzentration (S. 55) Ergebnis: ein 12-monatiges moderates Trainingsprogramm verbessert die Serumkonzentration der Adipokine Adiponectin und Progranulin sowie den Lipidstoffwechsel.

5. Literaturverzeichnis

American College of Sports Medicine. (2006a). *ACSM's Guidelines for Exercise Testing and Prescription. ACSM's Guidelines for Exercise Testing and Prescription* (7. Aufl.). Philadelphia: Williams & Wilkins.

Bryner, R. W., Toffle, R. C., Ullrish, I. H. & Yeater, R. A. (1997). *The effects of exercise intensity on body composition, weight loss and dietary composition in women.* Journal of the American College of Nutrition, 16 (1), 68-73.

Edel K., Coerdt A., Koliou D., Koster M., Aufderheide I., Degenhardt R. (2006). DIAK-TIV (Diabetes-Ausdauer- u. -Krafttraining im Vergleich*): Kardiovaskuläre Effekte von Ausdauer- versus Krafttraining bei Typ-2-Diabetikern.* Kongresstagung zum 41. Jahrestag der Deutschen Diabetes-Gesellschaft, 24.–27. Mai 2006, Leipzig.

Eisenhut, A. & Zintl, F. (2013). *Ausdauertraining Grundlagen/Methoden/Trainingssteu*erung (8. Aufl.).München: BLV Buchverlag

Hottenrott, K. (1997). *Ausdauertraining. Intelligent effektiv erfolgreich* (4. Aufl.). Lüneburg: Wehdemeier & Pusch.

IPN. (2004). *IPN-Test – Ausdauertest für den Fitness- und Gesundheitssport.* Köln: IPN.

Schaarschmidt, W., (2010). *Auswirkungen eines zwölfmonatigen kontrollierten Trainingsprogramms auf die Leptin-, Adiponectin- und Progranulin- Serumkonzentrationen sowie Parameter des Lipidstoffwechsels bei Patienten mit Typ 2 Diabetes.* Dissertation, Universität Leipzig. Sachsen.

6. Abbildungs- und Tabellenverzeichnis

6.1. Tabellenverzeichnis